CAUSE DES RÉVOLUTIONS.

RÉFORME A FAIRE

SUR

LA DISTRIBUTION DES EMPLOIS PUBLICS

ET

LA RÉPARTITION DE L'IMPOT.

LES QUATRE CONTRIBUTIONS DIRECTES ET LES PATENTES
SUPPRIMÉES ET REMPLACÉES PAR UN IMPOT PROPORTIONNEL AU
REVENU, QUEL QU'IL SOIT, DE CHAQUE CITOYEN.

PAR **CASIMIR SERVAT**, ANCIEN MAIRE.

— 1849. —

FOIX, IMPRIMERIE DE POMIÉS FRÈRES.

1849

Il n'est pas nécessaire d'être éloquent pour signaler les abus; il faut seulement avoir le courage de le faire.

PÉTITION

AUX REPRÉSENTANTS DU PEUPLE

A L'ASSEMBLÉE NATIONALE.

CITOYENS REPRÉSENTANTS,

Deux grandes questions doivent vous préoccuper puisqu'elles préoccupent toute la France : c'est le maintien de l'ordre et le rétablissement des Finances. Je pense que l'on pourrait obtenir ces deux grands résultats si les gouvernants voulaient employer les moyens que je vais indiquer.

D'abord ils devraient se pénétrer des trois mots qui sont inscrits sur le frontispice de la Constitution , et que Dieu avait déjà écrits en tête de son évangile : *Liberté* , *Egalité* , *Fraternité* , qu'il faudrait traduire par ceux-ci : *Justice* , *Justice* , *Justice*.

Cause des Révolutions.

Ensuite ils devraient se rappeler constamment que les révolutions passées , présentes et futures ont été et seront occasionnées ou par l'injustice de ceux qui gouvernent ou par l'avidité des gouvernés pour les honneurs et la fortune.

Pour ôter tout prétexte aux révolutionnaires , les gouvernants doivent donc mettre en pratique la justice; c'est-à-dire veiller à ce que tous les citoyens prennent leur part des honneurs et des emplois à leur tour et en raison de leur mérite ; ils doivent surtout veiller à ce que tous les citoyens participent aux charges de l'Etat, du département et de la commune, *proportionnellement* à leurs facultés et *revenus*. Il ne faut donc pas que certaines familles aient toujours à elles seules tous les honneurs et emplois, tandis que d'autres ne les ont jamais ; que certaines supportent seules les charges de l'Etat tandis que d'autres n'y contribuent jamais, pas même aux charges départementales et communales, quoiqu'elles jouissent de gros traitements ou de bons revenus, ce qui est d'une injustice révoltante.

Emplois Publics.

A cet effet, la plus grande partie des fonctions ou emplois publics ne doit être donnée que pour peu d'années, afin de faciliter à un plus grand nombre de citoyens d'en jouir : il ne doit par conséquent y avoir ni emplois inamovibles, ni cumul : l'on doit même éviter de donner des fonctions rétribuées ou non rétribuées aux citoyens qui exercent personnellement un état dépendant du public, parce que celui-ci souffre forcément de la double occupation de ces fonctionnaires. Par ce moyen l'Etat n'aurait plus à donner des retraites ; mais des récompenses honorifiques ou pécuniaires devraient être accordées aux citoyens qui auraient rendu des services à la Patrie, ou qui se seraient distingués par leurs inventions ou les œuvres de leur génie.

Traitements.

Les traitements au-dessus de douze cents francs devraient être diminués et ne devraient pas dépasser douze mille francs par an, excepté celui des Ministres, du Président de la Chambre, des Ambassadeurs, et des Généraux commandant en chef les armées.

Ainsi, n'étant plus donnés que pour un petit nombre d'années, et ne donnant pas lieu à des retraites, les traitements étant beaucoup diminués, les emplois ou fonctions n'exciteraient plus la convoitise et ne seraient plus cause des révolutions.

Impositions.

L'impôt ne devrait être établi que sur le revenu et *proportionnellement au revenu* quel qu'il soit ; car il est injuste de tirer de l'argent de ce qui ne donne aucun revenu ; par conséquent les impositions sur les portes et fenêtres et sur les meubles doivent être supprimées , et l'édifice et le meuble ne payeront une imposition que lorsqu'ils donneront un revenu.

Les quatre contributions directes ainsi que les patentes seront donc supprimées et remplacées par une imposition proportionnelle au revenu ; soit que ce revenu provienne de la propriété, distraction faite des frais d'exploitation et des dettes qui la grèvent ; soit des capitaux , de l'industrie , du commerce , de la profession ou état ; soit des rentes sur l'état et autres ; soit qu'il provienne des pensions de retraite existantes , ou du traitement attaché à l'emploi ou fonction donnés par le gouvernement, lesquels doivent être considérés comme des revenus. De cette manière tout le monde contribuera , proportionnellement à son revenu , aux charges de l'Etat, du département et de la commune. Seront dispensés de l'impôt, les intérêts provenant des créances établies par jugements , lesquels sont ordinairement mal payés , ou bien l'impôt en sera payé par les débiteurs en diminution des intérêts.

Les droits d'octroi et de douane , la taxe sur les lettres , les contributions indirectes , qui ne portent que sur la consommation , doivent être maintenus, à l'exception du droit sur le sel que l'on a bien fait de diminuer , parce que cette denrée est indispensable aux pauvres.

Les droits de mutation doivent être supprimés; ils me paraissent injustes par la raison qu'ils ne sont payés que par une partie des citoyens , les acheteurs et les légataires.

L'imposition des 45 centimes doit être remboursée, parce qu'elle a été assise sur le total des contributions , au lieu de l'être sur le principal, ce qui l'a rendue plus onéreuse dans certaines communes, et parce qu'elle n'a été payée que par une partie des citoyens , les contribuables , et encore pas par tous ; ces 45 centimes considérés comme un emprunt pourraient être remboursés en les précomptant sur les impositions de 1849 , 1850 et 1851.

Economie.

Enfin, l'économie doit présider aux dépenses de la République ; par conséquent , l'on doit supprimer les fonctions ou emplois inutiles ; réduire considérablement l'effectif de l'armée, et n'entreprendre que des travaux indispensables , en obligeant surtout les départements de ne faire de nouveaux travaux qu'après avoir terminé, dans toutes les communes de la France, les routes commencées ou projetées.

Budget.

Les dépenses ainsi réduites sur le budget au chiffre le plus bas , l'on inscrira au chapitre des recettes le produit des impositions indirectes, et la somme qui manquera pour balancer les dépenses , sera répartie au marc le franc du revenu quel qu'il soit, de chaque citoyen , ce qui établira l'équilibre entre les dépenses et les recettes.

Je ne doute pas que la mise à exécution de ce système basé sur la justice, ne contribue au maintien de l'ordre et au rétablissement des finances.

J'ai l'honneur d'être, avec le plus profond respect,

CITOYENS REPRÉSENTANTS ,

votre très-humble serviteur,

CASIMIR SERVAT.

Massat (Ariége) , le 9 février 1849.

Réponse aux objections faites à ma pétition ou mémoire du 9 février 1849, aux Représentants du Peuple à l'Assemblée Législative.

PREMIÈRE PARTIE.

Sur les fonctions ou emplois donnés pour peu d'années.

OBJECTIONS. *

Si les emplois ne sont donnés que pour peu d'années, l'on fera du tort aux fonctionnaires qui sont en activité de service en les renvoyant, parce qu'ils ont employé des sommes considérables à apprendre ce qu'ils savent.

RÉPONSE.

L'on doit s'attendre à des objections de la part des satisfaits; mais en regard de ceux-ci n'y a-t-il pas un bien plus grand nombre de citoyens, qui, eux aussi, ont sacrifié des sommes considérables à leur instruction, qui n'ont pas d'emplois, quoique ils soient capables, et qui, plutôt que de rester toute la vie inoccupés et dans la gêne, seraient bien aise d'en avoir un pendant quelques années?

Mais d'ailleurs cette mesure est prescrite par la nécessité; elle est la conséquence de l'instruction que reçoit le peuple, laquelle accroît excessivement le nombre des citoyens instruits, qui tous veulent utiliser leur savoir.

O. Que deviendront les fonctionnaires lorsqu'ils seront aux emplois?

R. Quant à l'avenir des satisfaits, ils deviendront ce que sont actuellement les mécontents; chacun à son tour, rien de plus juste. C'est aux satisfaits à aviser à leur avenir, ceux-ci ne se sont guère mis en peine du sort de ceux qui ont été déplacés depuis 60 ans.

O. L'on ne trouvera pas de sujets capables qui veuillent quitter l'état qu'ils se seront donnés pour n'occuper un emploi que pendant un petit nombre d'années.

R. Ce que je viens de dire prouve que les sujets capables

* Les caractères italiques indiquent les objections, et les romains les réponses à ces objections.

ne manqueront pour aucun genre de fonctions , même quand elles ne seraient données que pour peu d'années.

Je fais cependant une exception pour les généraux et autres officiers supérieurs à l'armée de terre et de mer, qui ont fait preuve de bravoure et de génie. Comme ceux-ci contribuent au salut de la patrie elle est intéressée à s'en servir aussi long-temps que possible , parce que l'on ne trouve pas chez les premiers venus ces rares qualités.

Il en est de même pour la science professorale, architecturale et du génie , pour les ministres et quelques hauts fonctionnaires.

O. La magistrature n'aura pas l'indépendance qu'elle doit avoir , surtout en matière correctionnelle.

R. Pourquoi la magistrature ne serait-elle pas indépendante ? Qu'a-t-elle de commun avec le pouvoir , destinée qu'elle est à ne juger que les contestations entre particuliers , et à faire une bonne application de la loi ! Est-ce que les juges de commerce ne sont pas indépendants ? Est-ce que la justice n'est pas l'expression de la conscience, de la conviction ; et peut-on juger en dehors de ces deux inspirations sans être un misérable ?

Je prétends que l'amovibilité rendra les magistrats plus esclaves de leurs devoirs , alors que n'étant nommés que pour un temps déterminé , ils seront obligés de rentrer dans la vie privée au milieu de leurs concitoyens dont ils auront jugé les différents ou qu'ils auront administrés.

Chargés de juger en matière correctionnelle ils le feront consciencieusement.

Les jurés , parmi lesquels se trouvent des citoyens moins instruits que les juges , ne sont-ils pas obligés d'apprécier des faits bien plus importants que ceux portés au correctionnel , et ne s'en acquittent-ils pas en leur âme et conscience , quoiqu'ils ne soient juges que pendant quelques jours ? Et puis , tous les citoyens ne sont-ils pas intéressés à la répression des délits aussi bien qu'à celle des crimes ?

Avec l'amovibilité, le public n'aura pas à supporter pendant toute la vie d'un homme, des magistrats incapables , négligents ou immoraux , que la surprise , l'intrigue ou la faveur ont fait asseoir sur le siége du juge , ou que l'âge et les infirmités ont atteint dans l'exercice de leurs fonctions.

Enfin sous le règne de la démocratie et de l'égalité , les fonctions publiques ne sont le patrimoine de personne; elles n'appartiennent pas au gouvernement , mais à la nation. Et c'est pour cela qu'elles doivent profiter au plus grand nombre de citoyens , ce qui ne peut avoir lieu , qu'en réduisant l'occupation des fonctions , pour chacun , à un très petit nombre d'années.

Tel est le moyen de mettre à exécution l'article 10 de la Constitution.

DEUXIÈME PARTIE.

De l'impôt proportionnel établi sur le revenu quel qu'il soit.

OBJECTIONS.

L'impôt établi sur les rentes sur l'Etat sera cause que le gouvernement ne trouvera pas de prêteurs. Ceux-ci transporteront leurs capitaux en pays étrangers.

Le gouvernement ne peut pas imposer les rentes parce qu'il s'est engagé à payer intégralement le taux convenu de la rente. Ce serait une retenue, une banqueroute.

RÉPONSE.

C'est une menace pour empêcher l'impôt. La preuve que cela n'arrivera pas c'est que l'on a vu les capitaux affluer, alors que les fonds étaient montés au-dessus du pair , c'est-à-dire à 120 et 123, de telle manière que les capitalistes préféraient placer leur argent à quatre pour cent en rentes sur l'Etat qu'à cinq et six pour cent sur des particuliers. Ainsi ce n'est pas pour éviter un impôt qui diminuerait leur revenu de quelques centimes par franc que les rentiers enverraient leurs capitaux en pays étranger.

Puis la mesure devenant générale et s'étendant sur tous les capitaux placés autrement qu'en rentes sur l'Etat , ainsi que sur toute sorte de revenu , les rentiers n'auraient pas à se récrier. D'ailleurs cette mesure n'est pas contradictoire avec l'article 14 de la Constitution ; car , si , d'après cet article , l'Etat doit payer intégralement l'intérêt promis , l'article 15 porte que tous les citoyens doivent contribuer à l'impôt en proportion de leurs facultés et de leur fortune. Or les capitaux ne constituent-ils pas la fortune ?

O. L'impôt payé par les capitalistes retomberait sur les emprunteurs.

R. Pour éviter cet inconvénient , l'on n'aurait qu'à faire payer l'impôt par les emprunteurs en diminution des intérêts qu'ils auraient à payer et à fonder un crédit foncier qui dispenserait les propriétaires d'emprunter à des usuriers.

O. Comment connaîtra-t-on le revenu du négociant , de l'industriel , de celui qui exerce une profession ; comment atteindre les lettres de change , les obligations privées ? Il y aura préjudice pour ceux-ci de faire connaître leur fortune.

R. Le négociant , l'industriel , le professionnel , etc. , seraient obligés d'exhiber leurs registres , qui serviraient aux répartiteurs pour établir le revenu.

Les lettres de change et les obligations privées seraient soumises à un enregistrement gratuit ; et seraient déclarées nulles par la loi , celles que l'on aurait soustraites à cette formalité.

La publicité du revenu du négociant , de l'industriel , du professionnel , du capitaliste , ne serait pas plus préjudiciable à cette classe de citoyens, qu'elle ne l'est aux propriétaires dont on inscrit le revenu sur le cadastre : il en résulterait au contraire un grand bien , celui de ne pas s'aventurer avec des insolvables dont on est dupe.

O. Ne serait-ce pas la même chose de diminuer le traitement des fonctionnaires que de leur faire payer l'impôt sur le traitement.

R. Non ce n'est pas la même chose. En inscrivant sur la matricule cadastrale le traitement des retraités , des fonctionnaires ou employés comme un revenu, il en résultera , que toutes les fois que l'Etat établira l'impôt , qu'il l'augmentera ; que le département s'imposera des centimes additionnels pour les dépenses départementales ; que la commune en votera pour les dépenses communales, les fonctionnaires et retraités y contribueront proportionnellement à leurs traitements, tandis que s'ils ne sont pas inscrits sur la matricule, ils n'y contribueront pas ; ce qui n'est pas juste, parce que tout citoyen doit y contribuer en raison de ses facultés, article 15 de la Constitution : or le traitement est un revenu bien plus certain que celui du propriétaire, de l'industriel, etc.

Puis comme les fonctionnaires, les retraités, les capitalistes, etc., font partie de la Chambre législative, des conseils du département et des conseils des communes, lorsqu'ils seront obligés de payer l'impôt proportionnellement à leurs traitements et revenus, égal à celui du revenu du propriétaire, ils voteront les dépenses avec plus de réserve.

O. Le traitement de l'employé ou fonctionnaire, du retraité, étant le salaire du travail qu'ils font ou qu'ils ont fait, peut-on l'imposer ? N'en ont-ils pas besoin pour leur entretien et celui de leur famille ?

R. Oui, on a le droit de l'imposer en vertu de l'article 15 de la Constitution. Oui, puisqu'on a le droit de taxer, de diminuer le traitement.

C'est à ceux-ci à ne pas accepter les fonctions ou emplois si cette mesure ne leur convient pas.

Le traitement est le salaire du travail du fonctionnaire ou employé, du retraité ; comme le revenu du propriétaire, de l'industriel, du professionnel, du commerçant est le salaire de leur travail : car ceux-ci travaillent aussi pour obtenir le revenu qu'ils ont, lequel est nécessaire aussi à leur entretien et à celui de leur famille, avec la différence que le revenu de ces derniers est très chanceux, souvent nul et quelquefois en perte, tandis que le traitement des premiers est assuré.

Il y a d'ailleurs réciprocité de services et de labeurs, car, tandis que les uns sont employés au maintien de l'ordre, à l'administration ou à la défense du pays, les autres produisent les objets nécessaires à la vie et au bien être de tous. Ainsi , si les uns paient l'impôt sur leurs revenus , les autres doivent payer le même impôt sur leur traitement.

Les capitalistes seuls ont le privilége d'avoir un revenu assuré sans travailler et au dépens de ceux qui travaillent.

Enfin , en exemptant le fonctionnaire , le retraité , le capitaliste, le négociant , le professionnel , l'industriel , etc. , de payer l'impôt sur le revenu , il arrive que ceux-ci et leur famille jouissent de tous les avantages qu'offre un état bien administré ; qu'ils profitent des dépenses que font les départements et les communes pour les desservants qui apprennent la religion à leurs enfants, pour les instituteurs qui les instruisent, pour les routes , les promenades , les fontaines, les édifices publics , etc. , qui leur sont utiles , sans y contribuer, tandis que ceux qui paient ces dépenses sont quelque fois sans enfants , ou sont empêchés de jouir de ces avantages à cause de leurs occupations ou de leur peu d'aisance.

La justice et l'égalité veulent donc que les dépenses publiques soient payées par tous les citoyens au marc le franc de leur revenu quel qu'il soit. Par cette mesure les contribuables actuels auront leurs impositions diminuées de la somme qui sera payée par ceux dont le revenu n'est pas imposé.

Tel est le moyen de mettre à exécution le paragraphe 7 et l'article 15 de la Constitution, *et il est temps de le faire.*

Casimir SERVAT.

Massat (Ariége).

A MESSIEURS LES MEMBRES DU CONSEIL GÉNÉRAL

DU DÉPARTEMENT DE L'ARIÉGE.

MESSIEURS,

Le désir que j'éprouve de voir cesser des abus qui me paraissent la cause des révolutions, m'a suggéré l'idée de les signaler dans un mémoire que j'ai adressé, le 9 février dernier, aux Représentants du Peuple. Ce désir qui ne me quitte plus, me porte à vous le soumettre ainsi que ma réponse aux objections qui ont été faites à ce mémoire.

Vous trouverez, juste, Messieurs, que les emplois ou fonctions ne soient plus la propriété de certaines familles; vous voudrez que tous les citoyens ou le plus grand nombre possible en prennent leur part, et vous conviendrez que ce résultat ne peut pas être obtenu si les fonctionnaires restent toujours ou trop longtemps en place.

Vous verrez aussi qu'il est juste que tous les citoyens contribuent aux dépenses de l'Etat, du département et de la commune proportionnellement à leurs facultés et fortune, et que pour y parvenir il faut que l'impôt soit établi sur le revenu quel qu'il soit , parce que c'est le revenu qui constitue l'aisance.

Vous ne voudrez pas maintenir le privilége qu'a une partie des citoyens de jouir de tous les avantages d'un pays bien administré , sans y contribuer.

Vous ne voudrez pas que les propriétaires et les industriels, qui seuls fournissent journellement de l'occupation à la classe immense des ouvriers , soient les seuls imposés , tandis que les capitalistes , les professionnels , les fonctionnaires et les retraités , qui ne les font jamais travailler , soient dispensés de contribuer aux dépenses du pays , *quelque gros traitement , ou bon revenu qu'ils aient* ; mais vous jugerez qu'il est temps de les y faire participer en inscrivant leur revenu ou traitement sur la matricule cadastrale , afin qu'ils n'échappent plus à l'impôt proportionnel.

Cette juste mesure opérera nécessairement la diminution des contributions actuelles d'une somme égale à celle qui sera payée par les nouveaux imposés.

C'est ainsi qu'en adoptant des réformes aussi justes que celles que je viens de signaler , l'on préviendra que le peuple les obtienne par la force. Hâtons-nous donc de les demander avec instance.

Permettez-moi encore , Messieurs, de vous entretenir d'un autre abus qui tient aussi du privilége , c'est de sacrifier toujours les provinces à la capitale, et les communes aux chefs-lieux de département et d'arrondissement. C'est de ne trouver jamais, rien d'assez beau pour ces villes ; c'est d'inventer toujours de nouveaux travaux pour elles , lorsqu'on refuse l'indispensable aux communes. C'est ainsi que j'ai vu élargir deux fois le pont et les quais de la ville de Foix, tandis que l'on a refusé un morceau de bois pour l'élargissement d'un pont (celui d'Espies) , sur la route départementale de Massat à Saurat, ainsi que quelques petites réparations qui faciliteraient le roulage sur cette route, en attendant sa confection définitive. C'est ainsi que j'ai vu refaire plusieurs fois la porte et l'intérieur de la Préfecture, que j'ai vu changer de place des routes très-praticables parce qu'elles avoisinent ces villes privilégiées, tandis que l'on refuse aux belles vallées de Massat et de Saurat, auxquelles on ne pense que lorsqu'il s'agit de prendre leurs conscrits, leurs impositions, et leurs suffrages électoraux, la seule route départementale qui la traverse, et qui, je dois le dire à la honte de vos prédécesseurs, est encore dans un état inférieur aux chemins vicinaux.

Il est temps, Messieurs, que ces grands abus disparaissent; vous donnerez, je n'en doute pas, des preuves de votre désintéressement personnel et de vos sentiments d'égalité et de fraternité en faisant cesser ces grandes injustices pour ce qui dépend de vous, et en signalant les autres à la Chambre législative.

J'ai l'honneur d'être avec respect,
Messieurs,
votre très-humble serviteur,

Casimir SERVAT.

Massat, le 27 août 1849.

19

www.ingramcontent.com/pod-product-compliance
Lightning Source LLC
Chambersburg PA
CBHW060722280326
41933CB00013B/2530